AF589925

COURS
MÉTHODIQUE ET ÉLÉMENTAIRE
DE
MNÉMOTECHNIE,
OU
L'ART D'AIDER LA MÉMOIRE.

COURS
MÉTHODIQUE ET ÉLÉMENTAIRE
DE
MNÉMOTECHNIE,
OU
L'ART D'AIDER LA MÉMOIRE,

PAR V. PARENT-VOISIN,
Mnémoniste.

PARIS,
CHEZ ÉDOUARD TETU ET Cie, LIBRAIRES,
Rue Jean-Jacques Rousseau, 3.

Et à Avirey-Lingey, par les Riceys *(Aube)*,
chez l'Auteur.

1847.

QUELQUES MOTS PRÉLIMINAIRES.

La Mnémotechnie est l'art d'aider la mémoire. Avec le secours de cette science, la mémoire la plus rebelle peut apprendre et retenir les choses les plus abstraites.

Parmi les nombreuses applications mnémoniques, la plus utile est, sans contredit, celle qui a rapport à l'histoire.

L'étude des faits historiques est ordinairement longue et pénible; elle est insuffisante si l'on n'a appris que les faits. Il y a quelque chose qu'il est aussi utile de savoir que le fait; c'est la date qui y est essentiellement liée.

La mémoire qui s'empare en général assez bien des faits, rencontre un obstacle difficile à surmonter lorsqu'il s'agit des dates. Les chiffres par leur abstraction sont trop éloignés des idées communes, et par conséquent laissent peu de prise à la mémoire. Ce n'est qu'à l'aide de la Mnémotechnie qu'on peut vaincre la difficulté.

Il y a beaucoup de personnes qui, ne s'étant point donné la peine d'examiner la puissance des leviers mnémoniques, ont prétendu qu'il était aussi difficile de retenir une formule *composée de mots*, que de retenir une date *composée de chiffres*. C'est une erreur complète. Les chiffres ne sont pas du domaine de la mémoire; ils y entrent difficilement et ne s'y fixent pas. Il n'en est pas de même des mots, l'expérience journalière le constate.

Les détracteurs de la Mnémotechnie ont blâmé la bizarrerie des formules; surtout de celles qui sont faites par analogie phonique. Il est vrai que beaucoup de formules mnémoniques sont très-bizarres; mais a-t-on pour cela le droit de les rejeter? puisque ce sont, nous ne craignons pas de le dire, les plus ridicules qui se gravent le mieux dans la mémoire.

Nous sommes faits de manière que les choses les moins naturelles, les plus extraordinaires, et surtout les plus grotesques, sont celles qui nous frappent davantage, et que nous ne pourrions jamais oublier. Si c'est un défaut de notre organisation, pourquoi ne le ferions-nous pas tourner à notre profit?

En publiant ce petit traité nous ne prétendons pas donner quelque chose d'entièrement nouveau. Plusieurs ouvrages mnémoniques ont déjà été publiés; mais ils sont, pour la plupart, trop élémentaires. Dans beaucoup même, on ne trouve que de la théorie; dans celui-ci on trouvera de la pratique. C'est un résumé des leçons que nous avons données. Nous ne faisons que céder à la sollicitation de nos élèves en les mettant au jour. Puisse le public lui faire un accueil favorable.

I.

TRANSFORMATION DES CHIFFRES.

Les chiffres n'appartiennent pas à un même ordre d'idées que les mots. Les mots entrent facilement dans la mémoire et s'y fixent très-bien ; tandis que les chiffres y entrent difficilement, et n'y restent pas. C'est pourquoi il est très-rare de rencontrer des personnes qui aient la mémoire des chiffres ; tandis qu'on en rencontre communément qui ont la mémoire des mots. Si l'on veut y réfléchir un peu, cela ne paraîtra pas étonnant ; les mots offrent à l'esprit des idées ou des images faciles à saisir ; tandis que les chiffres ne parlent pas à l'imagination.

Afin de pouvoir nous approprier les chiffres, nous les remplacerons par les mots et les lettres.

Le *langage écrit* offre beaucoup trop d'irrégularités

pour qu'il puisse nous servir de base; nous ferons donc abstraction des règles de l'orthographe, en opérant sur le *langage parlé*, et en ne considérant que la manière dont les mots frappent notre oreille.

Les inflexions de la voix de l'homme, quelle que soit la langue qu'il parle, ne peuvent se former que par le secours des *sons* et des *articulations*, ou, grammaticalement parlant, qu'avec les voyelles et les consonnes. Les sons se produisent en expulsant l'air par la bouche ou par le nez, sans le concours des dents, de la langue ou des lèvres. Les sons forment un tout unique, sont toujours entendus en entier, et peuvent être prolongés indéfiniment sans une nouvelle impulsion du gosier. Les articulations sont des émissions de voix qui exigent pour leur formation le concours de la langue, des lèvres ou des dents : Elles ne peuvent jamais être prolongées ; parce que dans leur prolongation, l'articulation linguale s'éteint pour ne laisser entendre que le son simple.

En mnémotechnie on fait abstraction complète des sons pour n'attacher de valeur qu'aux articulations. Ainsi, dans les mots suivants : *volonté, mandarin*, on n'a aucun égard aux sons *o, on, é, an, a, in*; on ne considère que les articulations *ve, le, te, me, de, re*, que l'on prononce suivant la nouvelle appellation des lettres de notre alphabet.

Voici la liste complète des articulations de notre langue :

Articulations dures.	Articulations douces.
Se	Ze.
Te	De.
Ne	Gne.
Me.	»
Re.	»
Le	Ille.
Che	Je.
Ke	Gue.
Fe	Ve.
Pe	Be.

La lettre *h* n'est point considérée comme une articulation. Quelques unes des articulations qui précèdent sont représentées par différents signes, par exemple : *se* est représenté par *c* dans le mot *ciel*, par *t* dans *action*, par *x* dans *réflexion*. *Te* est quelques fois représenté par *th*, *fe* par *ph*; *Ke* est représenté tantôt par *c* comme dans *corps*, tantôt par *q* comme dans *quantité* et par *x* dans *exploit*, *expérience*; *Gue* est aussi quelques fois représenté par *x* comme dans *exil*, *existence etc*.

Toutes les lettres consonnes qui n'ont pas de valeur dans les mots ne sont pas articulées, et par conséquent sont considérées comme nulles. Ainsi dans les mots : *prompt*, *rond*, fusif, respect, plomb, etc., on aura seulement les articulations suivantes : *pere, re, fese, resepe, pele.*

Cependant les consonnes finales qui n'ont, pour la majeure partie, aucune valeur dans les mots prononcés isolément, en acquièrent une par la liaison dans les phrases. Ainsi par exemple : *bon ami* donnera les articulations *be ne me ; respect humain, resepeke me; pas encore, peseke re.*

Dans les mots ou deux articulations différentes sont consécutives, elles conservent chacune leur valeur distincte. Exemple : *Table, spectre*, nous donneront les articulations suivantes : *tebele, sepeketere.*

En résumé toutes les consonnes senties par l'oreille ont une valeur en mnémotechnie ; excepté dans les mots où les doubles consonnes se font sentir dans la prononciation : Exemple : *irritation, terreur, illustre, immense*, etc., la double consonne ne comptera que pour une simple, et nous n'aurons que les articulations suivantes : *retese, terere, lesetere, mese.*

Nous ne reviendrons pas sur ces observations faciles à comprendre, pour quiconque les lira avec un peu d'attention.

Les dix signes conventionnels de la numération ordinaire sont : 0, 1, 2, 3, 4, 5, 6, 7, 8, 9. Si nous plaçons ces caractères dans un carré divisé en neuf cases, le zéro, n'ayant pas de valeur absolue, sera placé hors du carré, nous aurons la figure suivante :

	0	
1	2	3
4	5	6
7	8	9

Nous allons assujettir à la même division les dix articulations dures : *se, te, ne, me, re, le, che, ke, fe, pe.*

	se	
te	*ne*	*me*
re	*le*	*che*
ke	*fe*	*pe*

Comparons les deux figures, et nous verrons que chaque articulation correspond à un chiffre.

se, te, ne, me, re, le, che, ke, fe, pe.

0, 1, 2, 3, 4, 5, 6, 7, 8, 9.

Cette équation se gravera facilement dans la mémoire à l'aide de la phrase suivante, composée de monosyllabes contenant dix articulations correspondant aux dix caractères numériques, et occupant chacune une case du carré.

si

tu	n'es	muet
rends	le	chant
qui	fait :	*pan!*

se = 0

te = 1	*ne* = 2	*me* = 3
re = 4	*le* = 5	*che* = 6
ke = 7	*fe* = 8	*pe* = 9

Dans la liste complète des articulations, nous avons réuni sur la même ligne les *articulations dures* et les *articulations douces*. Pour assigner une valeur à ces dernières, et pour aider à les retenir, nous allons examiner qu'elle est leur analogie avec les premières.

Se et *ze* ont une même valeur parce que la lettre *s* entre deux voyelles se prononce comme *z*. Les étrangers parlant peu français, et particulièrement les Allemands, changent *de* en *te*, *je* en *che*, *gue* en *ke*, *ve* en *fe*, et *be* en *pe*.

Les habitants du nord de la France ne prononcent jamais ce que nous appelons *l* et *n* mouillés. Ainsi, au lieu de dire *paille*, *oreille*, *campagne*, *gagne*, il prononcent *pâle*, *orèle*, *campane*, *gane*, en substituant *le* à *ille* et *ne* à *gne*.

D'après ces rapprochements ils nous sera facile d'assigner une place dans notre carré à chacune de ces articulations corrélatives. Elles se trouveront naturellement réparties ainsi qu'il suit :

se, ze = 0

te, de = 1	*ne, gne* = 2	*me* = 3
re = 4	*le, ille* = 5	*che, je* = 6
ke, gue = 7	*fe, ve* = 8	*pe, be* = 9

Afin qu'on puisse se rappeler parfaitement la valeur numérique de chaque articulation nous allons chercher une analogie de forme entre les lettres et les chiffres correspondants.

s, est composé de deux demi-zéros, et représente 0.

t, n'a qu'un jambage comme 1, dont il est l'équivalent.

n, a deux jambages et représente 2.

m, a trois jambages et représente 3.

r, dans certains manuscrits à la forme d'un 4 renversé, d'ailleurs, cette lettre termine le mot quatre dans toutes les langues.

L, majuscule en manuscrit à la forme d'un 5, et en chiffre romains cette lettre représente cinq dizaines.

che ou j, qui est la corrélative, sa forme minuscule en manuscrit ressemble à un 6 retourné.

k et 7 sont deux signes qui ont de la ressemblance avec une potence.

f, sa forme minuscule en manuscrit ressemble à un 8.

p, cette lettre ressemble à un 9 retourné.

Lorsqu'on aura étudié avec un peu d'attention ce qui précède, on sera capable de décomposer tous les mots de la langue française, et de leur assigner une valeur numérique.

Pour achever de faire comprendre la transformation des chiffres, nous allons donner quelques exemples.

Son, toi, nous, moi, roue, loi, chaud, cou, feu, pie, joie.

se, te, ne, me, re, le, che, ke, fe, pe, je.

0, 1, 2, 3, 4, 5, 6, 7, 8, 9, 6.

monde, valeur, citron, maison, manière, pommier.

me de, ve le re, se te re, me ze, me ne re, pe me.

3 1, 8 5 4, 0 1 4, 3 0, 3 2 4, 9 3.

obligeance, trouble, argument, véritablement.

be le je ce, te re be le, re gue me, ve re te be le me.

9 5 6 0, 1 4 9 5, 4 7 3, 8 4 1 9 5 3.

bailleur, payeur, spectateur, examinateur,

be le re, pe re, se pe ke te te re, ke ze me ne te re,

9 5 4, 9 4, 0 9 7 1 1 4, 7 0 3 2 1 4,

sépulcre, ancre, septembre, sérail perspicacité,

se pe le ke re, ke re, se pe te be re, se re le, pe re se pe ke se te

0 9 5 7 4, 7 4, 0 9 1 9 4, 0 4 5, 9 4 0 9 7 0 1

obstacle, pays, nord.

be se te ke le, pe, ne re.

9 0 1 7 5, 9, 2 4.

EXEMPLE SUIVI :

Notre existence est une chaîne plus ou moins

ne te re ke se te se te ne che ne pe le ze me

2 1 4 7 0 1 0 1 2 6 2 9 5 0 3

longue d'instants; ces instants sont attachés les uns
le gue de se te ; se ze se te se te te che le ze
5 7 1 0 1 0 0 0 1 0 1 1 6 5 0

aux autres par la réminiscence et la mémoire.
ze ze te re pe re le re me ne se se le me me re
0 0 1 4 9 4 5 4 3 2 0 0 5 3 3 4

La réminiscence retrace les affections que nous
le re me ne se se re te re se le ze fe ke se ke ne
5 4 3 2 0 0 4 1 4 0 5 0 8 7 0 7 2

avons éprouvées; la mémoire en rappelle les signes
ze ve ze pe re ve le me me re re pe le le se gne
0 8 0 9 4 8 5 3 3 4 4 9 5 5 0 2

et les circonstances.
ze le se re ke se te se.
0 5 0 4 7 0 1 0.

Après avoir, comme nous venons de le faire, converti les articulations en chiffres, on devra s'exercer à la solution du problème contraire; c'est à dire à convertir les chiffres en articulations, et à trouver ensuite des mots qui les renferment exactement.

EXEMPLE.

3 2, 6 3, 6 2, 4 7 4, 5 9 4 3,
me ne, che me, che ne, re ke re, le be re me,
Monnaie, chemin, chêne, resours, librement.

vocifération, *mobilisable.*
8 0 8 4 0, 3 9 5 0 9 5.
ve se fe re se, me be le ze be le.

Ces mots ne sont pas les seuls qui puissent résoudre le problème : Car un nombre, quel qu'il soit peut être rendu par plusieurs mots différents. Ainsi le nombre 32 peut être traduit par les mots *monnaie, meûnier*, *mine*, *manie*, *mignon*, etc. Le nombre 63 peut se traduire par *chemin*, *jument*, *jamais*, *chameau*, *jumeau*, *j'aime*, *etc.*

Le nombre 474 peut se traduire par *recours*, *regret*, *recrue*, *recors*, *etc.*

On ne doit donc jamais craindre d'être embarrassé pour trouver des mots qui correspondent aux chiffres que l'on voudra mnémoniser, surtout avec la ressource des articulations corrélatives.

Maintenant que nous avons démontré d'une manière claire, comment on peut transformer les chiffres en mots, nous allons passer à l'application de nos principes.

II.

APPLICATION DE LA MNÉMOTECHNIE

A LA CHRONOLOGIE HISTORIQUE.

L'étude de l'histoire est difficile, par ce que les dates, comme tout ce qui est *chiffres*, ne sont pas du domaine de la mémoire. Aussi, est-il extrêmement difficile, pour ne pas dire impossible, de se les approprier d'une manière certaine, et surtout durable. La Mnémotechnie, seule, peut résoudre ce problème, qui, jusqu'à présent a offert des obstacles que peu de personnes se sont senti le courage de surmonter.

Lorsqu'on veut mnémoniser une date, il faut commencer par convertir les chiffres de cette date en articulations, ensuite chercher un mot qui renferme exactement ces articulations, et placer ce mot à la fin de la phrase que l'on construira; en sorte que la date sera liée à l'évènement.

Les mots qui indiquent les dates se nomment *sacramentels* ou *mots-dates*, et doivent toujours être placés à la fin des phrases ou formules.

Nous n'imposerons nos formules à personne; parce que nous savons, par expérience, que pour bien retenir les formules il faut les faire soi-même.

Cependant il y a de certaines formules qui conviennent à tous les mnémonistes; ce sont celles qui sont prises dans le domaine des faits.

Les exemples suivants en diront plus que tout ce que nous pourrions ajouter.

FAITS.	PRÉPARATION.	FORMULES OU LIAISONS.
Lois de Moïse 1491 ans av. Jésus-Christ.	1 4 9 1 te re pe te trompette	En promulgant la loi, Moïse sert à Dieu de *trompette.*
Mort de Samson 1118 ans av. Jésus-Christ.	1 1 1 8 te te te ve tentative	Samson mourut victime d'une audacieuse *tentative.*
Prédiction de Jonas 806 av. J.-C.	8 0 6 ve se ge visage	La prédiction de Jonas fit pâlir bien des *visages.*
Fondation de Rome 752 av. J.-C.	7 5 2 ke le ne collines	Rome a été bâtie sur sept *collines.*
Bataille de Marathon 490 av. J.-C.	4 9 0 re pe se reposer	Le soldat qui vint annoncer la victoire de Marathon, mourut en croyant se *reposer.*
Trente tyrans chassés d'Athènes 404 av. J.-C.	4 0 4 re se re rassurés	Lorsque les trente Tyrans furent chassés d'Athènes, les citoyens furent *rassurés.*
Mort d'Alexandre-le-Grand 324 av. J.-C.	3 2 4 me ne re manière	Alexandre-le-Grand mourut d'une triste *manière.*
Naissance de Jésus-Christ l'an du monde 4004.	4 0 0 4 re se se re reçoit son roi	C'est dans une étable que le monde *reçoit son roi.*
Invention du papier de chiffons 1326 après J.C.	1 3 2 6 de me ne je du ménage	Le papier de chiffons se fait avec le vieux linge *du ménage.*

ÉVÉNEMENTS A MNÉMONISER.

1. Mariage d'Isaac, 1856 ans avant J.-C.
2. Isaac bénit Jacob, 1759.
3. Dédicace du Temple de Salomon, 1005.
4. Passage de la Mer-Rouge, 1491.
5. Ruine du royaume d'Israël, 718.
6. Lois de Lycurgue, 885.
7. Lois de Solon, 594.
8. Lois de Confucius, 530.
9. Mort de Lucrèce, 509.
10. Léonidas aux Thermopyles, 480.
11. Coriolan assiége Rome, 487.
12. Fondation de Carthage par Didon, 860.
13. Mort de Platon, 348.
14. Combat des Horaces et des Curiaces, 671.
15. La loi agraire à Rome, 441.
16. Création des Censeurs à Rome, 220.
17. Premier médecin à Rome, 220.
18. Bataille du lac de Trasymène, 218.
19. Mort d'Archimède, 213.
20. Version des Septante, 270.
21. Incendie du temple de Diane, 358.

22. Mort d'Annibal, 184.
23. Conquête des Gaules par César, 57.
24. Caton est nommé Censeur, 185.
25. Mort de Cicéron, 43.
26. César est nommé Dictateur, 46.
27. Mort de César, 44.
28. Bataille de Philippes. Mort de Brutus et de Cassius, 42.
29. Bataille d'Actium, 31.
30. Mort d'Horace, 8.
31. Proscription de Marius, 88.
32. Tibère Empereur, 14 ans après Jésus-Christ.
33. Mort de Néron, 68.
34. Eruption du Vésuve, Mort de Pline, 79.
35. Constantin voit le Labarum, 312.
36. Mort de Julien l'apostat, 363.
37. Baptême de Clovis, 496.
38. Disgrâce de Bélisaire, 562.
39. Invention des cloches, 402.
40. Supplice de Brunehaut, 613.
41. Religion de Mahomet, 622.
42. Loi Salique, 422.
43. Loi Gombette, 501.
44. Etablissement du Christianisme en Pologne, 964.
45. Le Pape autorise l'usurpation de Pépin-le-Bref, 751.

46. Première croisade, 1096.
47. Vêpres Siciliennes, 1282.
48. Abolition des Templiers, 1312.
49. Supplice de Jacques Molay, 1314.
50. Invention de la Boussole, 1271.
51. Invention de la Poudre à canon, 1274.
52. Invention de l'Imprimerie, 1436.
53. Découverte de l'Amérique par Colomb, 1492.
54. Mort de Jeanne-d'Arc, 1431.
55. Massacre de la Saint-Barthélemy, 1572.
56. Calvin chassé de Paris, 1532.
57. Mort de Cromwel, 1658.
58. Mort de Bossuet et de Bourdaloue, 1704.
59. Mort de Corneille, 1709.
60. Mort de Boileau, 1711.
61. Mort de Voltaire, 1778.
62. Institution du Jury en France, 1790.
63. Invention des Panoramas, 1790.
64. Fondation de l'Ecole Polytechnique, 1795.
65. Usage des Epingles en France, 1540.

FORMULES DES ÉVÈNEMENTS

QUI PRÉCÈDENT.

1. Isaac épouse Rébecca fille *d'un villageois.*
2. Jacob joue à son frère Esaü un tour *de galopin.*
3. En dédiant son temple à Dieu Salomon était animé *d'un saint zèle.*
4. Les flots de la mer rouge en se rejoignant engloutirent les plus *intrépides.*
5. Ruine du royaume d'Israël, dont la piété n'était plus aussi *active.*
6. L'enthousiasme pour les lois de Lycurgue ne fut qu'un *feu-follet.*
7. Les lois de Solon étaient faites pour un peuple *libre.*
8. Les lois de Confucius occupaient plus la Chine qu'elles ne *l'amusaient.*
9. Tarquin viole Lucrèce, dont il convoitait *les appas.*
10. Léonidas aux Thermopyles sommé de rendre les armes *refuse.*
11. A la vue de sa famille Coriolan se *rend vaincu.*

12. Didon fonda Carthage, dont Rome devait tirer *vengeance*.

13. Platon *mourut vieux*.

14. Après avoir vaincu les Curiaces, Horace tua sa sœur, dont il trouvait les paroles *choquantes*.

15. La loi agraire arma l'un contre l'autre deux castes *rivales*.

16. Les Censeurs étaient obligés par état d'avoir un *air rude*.

17. Le premier médecin qu'on vit à Rome serait *un âne ici*.

18. Le sang romain fit perdre aux eaux du lac de Trasymène leur lympidité *native*.

19. Archimède fut tué par un soldat romain, irrité de ne pas être reçu *honnêtement*.

20. La version des Septante a été pour la librairie un objet de *négoce*.

21. Si le temple de Diane a été brûlé, c'est parce qu'Erostrate y *mit le feu*.

22. Annibal en mourant ôta aux romains un sujet *d'effroi*.

23. César s'empara de la Gaule comme si elle lui eût été *léguée*.

24. Caton le censeur réforme tous les abus qui lui sont *dévoilés*.

25. Cicéron est le premier des orateurs *romains*.

26. Lorsque César fut nommé dictateur il se crut assez *riche*.

27. A la mort de César, on vit ses assassins *rire*.

28. Après la bataille de Philippe, Cassius et Brutus finirent leur *règne*.

29. La bataille d'Actium rendit la paix au *mor de*.

30. Horace n'est pas mort *vieux*.

31. Par ses proscriptions Marius fit plus d'une *veuve*.

32. Tibère fut un cruel *tyran*.

33. Néron aurait du mourir sur un *échafaud*.

34. Par l'éruption du Vésuve, Pline vit le fil de ses jours *coupé*.

35. Constantin voyant le Labarum dit : il faut que je suive le signal qui *m'est donné*.

36. Julien l'apostat mourut *méchamment*.

37. Le baptême de Clovis ne l'empêcha pas de *re-pécher*.

38. Bélisaire disgracié est contraint de porter *les chaînes*.

39. Le son de la première cloche charma l'oreille de ceux qui l'entendirent *résonner*.

40. Brunehaut expia ses crimes par un terrible *châtiment*.

41. Dans la religion de Mahomet, il n'y a point de *chanoines*.

42. La loi Salique fait les *rein s nues*.

43. La loi Gombette rend le duel *licite*.

44. Les Polonais ne veulent plus être *pêcheurs.*

45. Le pape autorise l'usurpation de Pépin par un acte *éclatant.*

46. On allait en Terre-Sainte pour avoir la rémission *de ses péchés.*

47. Les crimes des Vêpres Siciliennes ne pourraient être expiés par une *neuvaine.*

48. L'ordre des Templiers fut aboli pour quelques folies *mondaines.*

49. Jacques Molay pendant son supplice étonna ses ennemis par le courage qu'il *montra.*

50. Avant l'invention de la boussole nous ne pouvions nous éloigner *de nos côtes.*

51. La poudre à canon fait la force *de nos guerres.*

52. L'imprimerie sert à reproduire notre *ramage.*

53. Colomb découvrit une *terre bonne.*

54. Jeanne d'Arc mourut sur un bûcher, dont les flammes la *tourmentaient.*

55. La Saint-Barthélemy laissa dans les familles calvinistes bien *des lacunes.*

56. Calvin passa à Paris pour un *illuminé.*

57. Cromwel, comme tous les despotes, disait toujours : *je le veux.*

58. Bossuet et Bourdaloue étaient deux illustres *causeurs.*

59. Le grand Corneille écrivait beaucoup et *causait peu.*

60. Boileau des vers connaissait la *quantité.*

61. Voltaire n'en voulait *qu'aux couvents.*

62. Le jury est comme la balance *qui pèse.*

63. La première fois qu'on voit un Panorama on ne sait *qu'en penser.*

64. L'Ecole Polytechnique est plus utile que la *gabelle.*

65. La piqûre d'une Epingle est quelquefois bien *douloureuse.*

III.

DES POINTS DE RAPPEL.

Tout ce qui est assujetti à une classification réclame nécessairement le secours d'une série d'idées prénotionnelles.

Si nous avons besoin de retenir par ordre une série de faits, de mots ou de chiffres, nous sommes obligés d'avoir recours à un nombre plus ou moins considérable d'idées ou d'objets parfaitement connus, rangés dans un ordre également connu. Nous donnerons à ces idées ou objets le nom de *points de rappel.*

On peut construire des tables de points de rappel de plusieurs manières. Nous préférons celle employée par M. Aimé Paris, qui consiste dans la combinaison de neuf substantifs avec dix adjectifs.

Prenons d'abord neuf substantifs communs correspondant aux articulations de la formule primitive, (*Si tu n'es muet, rends le chant qui fait pan.*) depuis un jusqu'à neuf, ce qui nous donnera les neuf unités simples. Prenons ensuite dix adjectifs correspondant également aux dix articulations de la même formule, pour nous servir d'unités à partir du nombre dix ; c'est-à-dire, lorsque les substantifs cessent de représenter les unités, pour devenir types des dizaines.

Au moyen d'une table composée avec ces éléments, dont nous allons donner le détail et la construction, nous aurons 99 mots de rappel faciles à retenir, qui nous serviront dans toutes les classifications scientifiques, qui n'exigent pas au-delà de cent numéros d'ordre.

Nos		ARTICULATIONS.		SUBSTANTIFS.
1	=	Te	=	Temple.
2	=	Ne	=	Animal.
3	=	Me	=	Mets.
4	=	Re	=	Roi.
5	=	Le	=	Lien.
6	=	Je	=	Jeu.
7	=	Ke	=	Coin.
8	=	Fe	=	Fruit.
9	=	Pe	=	Pommier, pris dans l'acception du mot *arbre*.

Nos		ARTICULATIONS.		ADJECTIFS.
0	=	Se	=	Saint.
1	=	Te	=	Terrible.
2	=	Ne	=	Nu.
3	=	Me	=	Malheureux.
4	=	Re	=	Rond.
5	=	Le	=	Long.
6	=	Che	=	Chaud.
7	=	Ke	=	Carré.
8	=	Fe	=	Froid.
9	=	Pe	=	Petit.

Les substantifs nous ayant donné les numéros depuis 1 jusqu'à 9; faisons-en maintenant les types des dizaines en les rapprochant des adjectifs, et continuons ainsi la table.

Nos.	Articulations.	Substantifs qualifiés.	Traduction ou équivalents.
10	= te-se	= Temple-saint.	= Eglise.
11	= te-te	= temple-terrible	= Loge de Francs-maçons.
12	= te-ne	= temple-nu	= Ruines d'anciens temples.
13	= te-me	= temple-malheureux	= Hermitage.
14	= te-re	= temple-rond	= Dôme.
15	= te-le	= temple-long	= Tour de Babel, longue ou haute et longue à construire.
16	= te-che	= temple-chaud	= Chapelle ardente
17	= te-ke	= temple-carré	= Palais de la Bourse, à Paris, construit dans le goût des anciens temples, ayant la forme carrée.
18	= te-fe	= temple-froid	= Catacombes, souterrains où les premiers chrétiens se réfugiaient pour les cérémonies de leur culte.
19	= te-pe	= temple-petit	= Oratoire.
20	= ne-se	= animal-saint	= Bœuf, divinité des Egyptiens.
21	= ne-te	= animal-terrible	= Tigre.
22	= ne-ne	= animal-nu	= Grenouille que l'on dépouille pour la vendre.
23	= ne-me	= animal-malheureux	= Ane.
24	= ne-re	= animal-rond	= Hérisson.
25	= ne-le	= animal-long	= Serpent.

26	= ne-che =	animal-chaud	=	Salamandre. Les anciens croyaient que ce reptile pouvait vivre dans le feu.
27	= ne-ke =	animal-carré	=	Eléphant de guerre, portant une tour carrée.
28	= ne-fe =	animal-froid	=	Ours blanc, vivant près du pôle glacial.
29	= ne-pe =	animal-petit	=	Ciron.
30	= me-se =	mets-saint	=	Hostie.
31	= me-te =	mets-terrible	=	Poison.
32	= me-ne =	mets-nu	=	Volaille que l'on plume avant de la faire cuire.
33	= me-me =	mets-malheureux	=	Pain bis, nourriture du pauvre.
34	= me-re =	mets-rond	=	Fromage.
35	= me-le =	mets-long	=	Saucisse.
36	= me-che =	mets-chaud	=	Potage.
37	= me-ke =	mets-carré	=	Chocolat.
38	= me-fe =	mets-froid	=	Sorbet.
39	= me-pe =	mets-petit	=	Lentilles.
40	= re-se =	roi-saint	=	David.
41	= re-te =	roi-terrible	=	Néron.
42	= re-ne =	roi-nu	=	Jean-sans-Terre
43	= re-me =	roi-malheureux	=	Priam.
44	= re-re =	roi-rond	=	Louis-le-Gros.
45	= re-le =	roi-long	=	Philippe-le-Long.

46 = re-che = roi-chaud = Sardanapale, qui se brûla avec ses femmes et ses trésors.

47 = re-ke = roi-carré = Bajazet, enfermé dans une cage carrée.

48 = re-fe = roi-froid = Pierre-le-Grand empereur de Russie.

49 = re-pe = roi-petit = Pépin-le-Bref.

50 = le-se = lien-saint = Vœux.

51 = le-te = lien-terrible = Serment.

52 = le-ne = lien-nu = Ceinture, seul vêtement laissé à Jésus-Christ crucifié.

53 = le-me = lien-malheureux = Mauvais ménage

54 = le-re = lien-rond = Corde à pendre

55 = le-le = lien-long = Cable.

56 = le-che = lien-chaud = Boa, fourrure à l'usage des dames.

57 = le-ke = lien-carré = Collier de forçat

58 = le-fe = lien-froid = Chaîne.

59 = le-pe = lien-petit = Chaîne de montre.

60 = je-se = jeu-saint = Musique. David en fit devant l'arche.

61 = je-te = jeu-terrible = Guerre.

62 = je-ne = jeu-nu = Lutte.

63 = je-me = jeu-malheureux = Lotterie.

64 = je-re = jeu-rond = Boules (jeu de)

65 = je-le = jeu-long = Paume.

66 = je-che = jeu-chaud = Main-chaude.

67	= je-ke =	jeu-carré	= Echecs.
68	= je-fe =	jeu-froid	= Boules de neige
69	= je-pe =	jeu-petit	= Petits-jeux de société.
70	= ke-se =	coin-saint	= Terre-Sainte.
71	= ke-te =	coin-terrible	= Tauride, où l'on immolait les voyageurs.
72	= ke-ne =	coin-nu	= Arabie déserte
73	= ke-me =	coin-malheureux	= Barbarie.
74	= ke-re =	coin-rond	= Le Monde.
75	= ke-le =	coin-long	= Italie. Voir sa forme géographique.
76	= ke-che =	coin-chaud	= Afrique.
77	= ke-ke =	coin-carré	= Espagne. Voir sa forme géographique.
78	= ke-fe =	coin-froid	= Sibérie.
79	= ke-pe =	coin-petit	= Sardaigne.
80	= fe-se =	fruit-saint	= Manne.
81	= fe-te =	fruit-terrible	= Fruit défendu.
82	= fe-ne =	fruit-nu	= Pêche qu'on pèle pour la manger.
83	= fe-me =	fruit-malheureux	= Pomme de terre
84	= fe-re =	fruit-rond	= Citrouille.
85	= fe-le =	fruit-long	= Asperge.
86	= fe-che =	fruit-chaud	= Marrons.
87	= fe-ke =	fruit-carré	= Figues en caisse
88	= fe-fe =	fruit-froid	= Concombre.

89 = fe-pe = fruit-petit = Groseilles.
90 = pe-se = arbre-saint = Olivier, à cause du Mont-des-Olives.
91 = pe-te = arbre-terrible = Mancenillier, dont l'ombre donne la mort.
92 = pe-ne = arbre-nu = Mât.
93 = pe-me = arbre-malheureux = Croix, instrument de supplice.
94 = pe-re = arbre-rond = Oranger.
95 = pe-le = arbre-long = Peuplier.
96 = pe-che = arbre-chaud = Buisson ardent
97 = pe-ke = arbre-carré = Poutre.
98 = pe-fe = arbre-froid = Sapin, arbre des pays froids.
99 = pe-pe = arbre-petit = Myrthe.
100. . . . . Sang, Celui des mots français qui ressemble le plus au mot CENT.

Lorsque l'on connaîtra la valeur numérique absolue des substantifs et des dix adjectifs que nous venons d'indiquer; il ne sera pas difficile avec un peu d'étude, de s'approprier les équivalents résultant de leurs conbinaisons, et donnant les numéros d'ordre depuis 9 à 99. Pour arriver à ce résultat, il faut s'exercer à substituer au numéro d'ordre, d'abord, les articulations qui le traduisent, ensuite le substantif et l'adjectif qui conduiront infailliblement au mot indiquant le numéro, puisqu'il en est l'équivalent mnémonique.

Si, l'on examine avec attention le tableau synoptique suivant, contenant les cent mots de rappel qui précèdent, et disposés de manière à être retenus facilement; on pourra en très-peu de temps s'en servir avec avantage, et sans aucune hésitation, pour toutes les nomenclatures dont les numéros ne dépassent pas. le nombre cent.

Si l'on avait besoin d'un plus grand nombre de points de rappel, de deux cents, par exemple, on pourrait prendre cent mots qui dériveraient de ceux que nous donnons ici. La formation de ce second tableau ne serait ni longue ni difficile pour les personnes un peu exercées.

ADJECTIFS. — T

SUBSTANTIFS INDIQUANT LES NUMÉROS D'ORDRE JUSQU'A 9, ET TYPES DES DIZAINES.

	0. SAINT.	1. TERRIBLE.	2. NU.	3. MALHEUR
1. TEMPLE	10. Eglise.	11. Loge de francs-maçons.	12. Ruines.	13. Ermita
2. ANIMAL	20. Bœuf.	21. Tigre.	22. Grenouille.	23. Ane
3. METS	30. Hostie.	31. Poison.	32. Volaille.	33. Pain-b
4. ROI	40. David.	41. Néron.	42. Jean-sans-Terre.	43. Pria
5. LIEN	50. Vœux.	51. Serment.	52. Ceinture.	53. Mauva ménag
6. JEU	60. Musique.	61. Guerre.	62. Lutte.	63. Lotter
7. COIN	70. Terre-Sainte.	71. Tauride.	72. Arabie déserte.	73. Barba
8. FRUIT	80. Manne.	81. Fruit défendu.	82. Pêche.	83. Pomme Terr
9. POMMIER *ou* ARBRE	90. Olivier.	91. Mancenillier.	92. Mât.	93. Croi

UNITÉS.

4. ROND.	5. LONG.	6. CHAUD.	7. CARRÉ.	8. FROID.	9. PETIT.
14. Dôme.	15. Babel.	16. Chapelle ardente.	17. La Bourse.	18. Cata-combes.	19. Oratoire.
24. Hérisson.	25. Serpent.	26. Salaman-dre.	27. Eléphant.	28. Ours blanc.	29. Ciron.
34. Fromage.	35. Saucisse.	36. Potage.	37. Chocolat.	38. Sorbet.	39. Lentilles.
44. Louis-le-Gros.	45. Philippe-le-long.	46. Sardanaple	47. Bajazet.	48. Pierre-le-Grand.	49. Pépin-le-Bref.
54. Corde à pendre.	55. Cable.	56. Boa.	57. Collier de forçat.	58. Chaine.	59. Chaine de montre.
64. Boules.	65. Paume.	66. Main-chaude.	67. Echecs.	68. Boules de neige.	69. Petits jeux.
74. Monde.	75. Italie.	76. Afrique.	77. Espagne.	78. Sibérie.	79. Sardaigne.
84. Citrouille.	85. Asperge.	86. Marrons.	87. Figues en caisse.	88. Concombre	89. Groseilles.
94. Oranger.	95. Peuplier.	96. Buisson ardent.	97. Poutre.	98. Sapin.	99. Myrthe.

ang.

IV.

MNÉMONISATION DES ROIS DE FRANCE.

Parmi les rois de France, il y en a qui ont eu des homonymes, et d'autres qui ont été seuls de leur nom. Nous mnémoniserons ces derniers par *analogie phonique* ; c'est-à-dire que nous choisirons pour les représenter des mots qui frappent l'oreille d'une manière à peu près semblable.

Quand à ceux qui ont porté le même nom, nous les mnémoniserons en leur empruntant une syllabe que nous lierons à une articulation qui nous donnera le rang dans les homonymes; de manière qu'il sera impossible de pouvoir s'y tromper.

Les rois de France qui n'ont pas eu d'homonymes seront représentés par les analogies phoniques suivantes :

Pharamond . . . par . . . . Phare.
Clodion . . . . Clos d'eau.
Mérovée . . . . Mes rots.
Caribert . . . . Charybde.
Pépin . . . . Pépins.
Carloman. . . . . Carlin.
Eudes . . . . OEufs.
Raoul. . . . . Roule.
Lothaire . . . . Loterie.
Hugues-Capet. . . . . Huguenot.
Napoléon-le-Grand. . . . . . Nappe.
Louis-Philippe . . . . L'ouïe fine.

Il y a quelques noms de rois, qui ont eu des homonymes, qui commencent par la même syllabe, tels que Childéric, Childebert, Chilpéric, Clovis, Clotaire. Au lieu de prendre la première syllabe, nous nous servirons de la seconde; et nous traduirons Childéric par *der*, Childebert par *deb*, Chilpéric par *per*, Clovis par *vis*, et Clotaire par *ter*. Par ce moyen il n'y a pas d'erreurs possibles.

Nous allons donner les mots conventionnels qui traduiront le nom des rois et leur rang dans les homonymes.

ROIS DE FRANCE.	ÉQUIVALENTS MNÉMOTECHNIQUES.
Childéric I	*déroute.*
—— II.	*dernier.*
—— III.	*derme.*
Childebert I.	*deux bottes.*
—— II	*deux bonnes.*
Chilpéric I	*perte.*
—— II	*pair ou non.*
Clovis I.	*Wisth.*
— II.	*vistnou.*
— III.	*vise moins.*
Clotaire I.	*tertre.*
—— II.	*terne.*
—— III	*terme.*
—— IV	*terreur.*
Dagobert I.	*date.*
—— II	*damne.*
Thierry I.	*Tite (Live).*
—— II.	*tienne.*
Charles I	*chatte.*
—— II.	*chat nain.*
—— III	*chameau.*
—— IV	*char.*
—— V.	*schall.*
—— VI	*chat joyeux.*
—— VII.	*chaque.*
—— VIII.	*chafouin.*

ROIS DE FRANCE.	ÉQUIVALENTS MNÉMOTECHNIQUES.
Charles IX	*chape.*
—— X.	*chat déçu.*
Louis I.	*loup tué.*
— II	*loup nu.*
— III.	*loup muet.*
— IV.	*lourd.*
— V	*loup las.*
— VI.	*louche.*
— VII.	*loup gueux.*
— VIII.	*louve.*
— IX.	*loupe.*
— X	*loup déçu.*
— XI.	*loup tenté.*
— XII.	*loup tenu.*
— XIII	*loup démon.*
— XIV	*loutre.*
— XV.	*loup dans l'eau.*
— XVI	*loup touché.*
— XVII.	*loup taquin.*
— XVIII.	*loup dévot.*
Robert I	*rôti.*
— II.	*Rhône.*
Henri I.	*entier.*
— II	*ennui.*
— III.	*en moins.*
— IV.	*en riant.*

ROIS DE FRANCE.	ÉQUIVALENTS MNÉMOTECHNIQUES.
Philippe I.	*fil teint.*
—— II	*fil noué.*
—— III.	*fil mou.*
—— IV.	*fil rond.*
—— V	*fil long.*
—— VI.	*fil joint.*
Jean I	*jante.*
— II.	*gens nus.*
François I	*franc ton.*
—— II.	*franc niais.*
Charles-le-Gros.	*chagrin.*

NOMENCLATURE DES ROIS DE FRANCE

ET DATES DE LEUR AVÈNEMENT AU TRÔNE.

Nos D'ORDRE.	NOMS DES ROIS.	DATES.
1	Pharamond	420
2	Clodion.	427
3	Mérovée.	448
4	Childéric 1.	456
5	Clovis 1.	481
6	Childebert 1.	511

Nos D'ORDRE.	NOMS DES ROIS.	DATES.
7	Clotaire 1.	558
8	Caribert.	561
9	Chilpéric 1.	567
10	Clotaire 2.	584
11	Dagobert 1.	628
12	Clovis 2.	638
13	Clotaire 3.	656
14	Childéric 2	671
15	Thierry 1	674
16	Clovis 3.	691
17	Childebert 2.	695
18	Dagobert 2	711
19	Chilpéric 2	715
20	Clotaire 4.	717
21	Thierry 2	720
22	Childéric 3.	742
23	Pépin-le-Bref.	752
24	Charlemagne.	768
25	Louis 1, *le débonnaire*.	814
26	Charles 2, *le chauve*	840
27	Louis 2, *le Bègue*.	877
28	Louis 3 et Carloman	879
29	Carloman *seul*	882
30	Charles-le-Gros	884
31	Eudes.	888
32	Charles 3, *le Simple*	893

N^{os} D'ORDRE.	NOMS DES ROIS.	DATES.
33	Robert 1.	922
34	Raoul.	923
35	Louis 4, *d'Outre-Mer*.	936
36	Lothaire.	954
37	Louis 5, *le Fainéant*.	986
38	Hugues-Capet.	987
39	Robert 2.	996
40	Henri 1.	1031
41	Philippe 1.	1060
42	Louis 6, *le Gros*.	1108
43	Louis 7, *le Jeune*.	1137
44	Philippe 2, *Auguste*.	1180
45	Louis 8, *le Lion*.	1223
46	Louis 9 (*Saint*).	1226
47	Philippe 3, *le Hardi*.	1270
48	Philippe 4, *le Bel*.	1285
49	Louis 10, *le Hutin*.	1314
50	Jean 1.	1316
51	Philippe 5, *le Long*.	1316
52	Charles 4, *le Bel*.	1322
53	Philippe 6, *de Valois*.	1328
54	Jean 2, *le Bon*.	1350
55	Charles 5, *le Sage*.	1364
56	Charles 6, *le Bien-Aimé*.	1380
57	Charles 7, *le Victorieux*.	1422
58	Louis 11.	1461

Nos D'ORDRE.	NOMS DES ROIS.	DATES.
59	Charles 8.	1483
60	Louis 12, *Père du peuple*.	1498
61	François 1, *Père de lettres*. . . .	1515
62	Henri 2.	1547
63	François 2.	1559
64	Charles 9.	1560
65	Henri 3.	1574
66	Henri 4, *le Grand*.	1589
67	Louis 13, *le Juste*.	1610
68	Louis 14, *le Grand*.	1643
69	Louis 15.	1715
70	Louis 16.	1774
71	Louis 17.	1793
72	Napoléon *le Grand*.	1804
73	Louis 18.	1814
74	Charles 10.	1824
75	Louis-Philippe.	1830

Voici l'ordre à observer dans les formules pour la mnémonisation des rois de France.

Chaque formule doit-être composée :

1° Du numéro d'ordre du roi dans la série générale. Il est bien entendu que ce N° sera remplacé par celui des mots du tableau des points de rappel, qui en donne la traduction.

2° Du nom du roi représenté par l'équivalent mnémotechnique.

3° De son rang dans les homonymes.

4° De son surnom, s'il en a un.

5° De la date de son avènement au trône, traduite par un ou plusieurs mots, placés à la fin de la phrase, dont les articulations donneront les chiffres de cette date.

Nous allons donner, *sans les imposer*, des formules mnémoniques pour tous les rois de France.

FORMULES.

1. A voir clair dans un *Temple* sans *phares*, il faut *renoncer*.
2. Plus d'un *animal* dans les *clos d'eau règne gai*.
3. Parmi les *mets* brillent *mes rôts* que la cuisson n'a pas trop *raréfiés*.
4. Un *roi* en *déroute* tourne ses regards vers la *religion*.
5. Un *lien* trop fort retient au *wisth* le joueur qui a un *air avide*.
6. Au *jeu* si l'on perd ses *deux bottes*, pour cacher la honte, on se couvre *la tête*.
7. Dans un *coin*, le médecin, qui envoie sous le *tertre*, pour nettoyer ses mains *les lave*.
8. Quel *fruit* retiraient les navigateurs de leurs voyages, quand leur audace dans le gouffre de *Charibde les jetait?*
9. Un *pommier* est pour son propriétaire une *perte*; si cet arbre du vent ne peut soutenir *le choc*.
10. Dans une *Eglise* à vitraux *ternes*, bien des personnes n'y prient que des *lèvres*.

11. Dans les *loges* on trouve la *date* de réception de bien des *jeunes fous.*

12. Dans des *ruines*, en France, la statue de Vistnou ne s'est *jamais vue.*

13. Un *Ermitage* n'est pas le *terme* où aspirent les *gens légers.*

14. Un dôme est fait en *dernier*, il ne termine pas l'édifice d'un manière *choquante.*

15. On dit que la *Tour-de-Babel* donnait à *Tite-Live* un sujet de *chagrin.*

16. Dans une *chapelle ardente* on *vise moins* qu'ailleurs au *joyeux bon ton.*

17. Lorsqu'à la *Bourse* on a reçu *deux bonnes* leçons, on est réduit à mendier en disant son *chapelet*

18. L'amateur enfermé dans les *Catacombes* se *damne*, quoique sa curiosité soit *contentée.*

19. Dans un *oratoire* tout homme *pair ou non* ne doit commettre *aucun délit.*

20. Le *Bœuf* devrait éprouver de la *terreur* quand il est *caduc.*

21. *Tigre* quelle fureur est la *tienne?* tu ne respectes pas plus un homme *qu'un oiseau.*

22. La *Grenouille* à le *derme* peu *garni.*

23. *L'âne* porte le fumier qui fait croître les *pépins* sur les *collines.*

24. On n'a pas besoin de dire au *hérisson* voilà la *chatte*, *cachez-vous.*

25. Si par un *serpent* vous voyez un *loup tué* mettez-le dans votre *voiture*.

26. Comparez une *Salamandre* avec un *chat-nain et chauve*, vous jugerez celui qui a le plus de *force*.

27. Montrez un *Eléphant* et un *loup nu* sur la place publique, les femmes, qui ne sont pas *bègues*, débiteront de *vains caquets*.

28. Par un *ours blanc* et un *loup muet* un *carlin* en morceaux *fut coupé*.

29. Un *ciron* ne mangerait pas un *carlin seul* avant que son repas *fut fini*.

30. On reçoit la dernière *hostie* avec *chagrin* quand on va cesser de *vivre*.

31. C'est un *poison* que les *œufs* dans lesquels le poulet commence à *vivifier*.

32. Une *volaille* ne convient pas à un *chameau* à bosse *simple*, le fourrage lui *vaut bien mieux*.

33. Le *pain bis* peut se manger avec du *rôti*, même dans une *bonne année*.

34. *Fromage* sec *roule impunément*.

35. Une *saucisse* est réputée par l'homme *lourd d'outre-mer* pour un *bon manger*.

36. Le *potage* ne se gagne pas souvent à la *loterie*, qu'on devrait *abolir*.

37. Celui qui vit de *Chocolat* est souvent comme le *loup las*; il fait le *fainéant*, et n'en est *pas fâché*.

38. Des *sorbets* auraient fait plus de bien aux *huguenots* que de *bons fagots*.

39. Les *lentilles* ne se trouvent pas dans le *Rhône* on aurait *beau pêcher*.

40. *David* avait un fils si *entier* qu'il voulait lui prendre *son manteau*.

41. Sous *Néron* on vit plus d'un *fil teint* de sang, et plus d'un sénateur *sans chaise*.

42. *Jean-sans-Terre* eût une conduite *louche*; il n'écoutait personne et disait toujours : *taisez-vous !*

43. *Priam*, s'il eût vécut, aurait été comme le *loup gueux*, à qui dès son *jeune* âge *tout manquait*.

44. *Louis-le-gros* ayant de la liberté le *fil noué* fut appelé *Auguste* sans *division*.

45. *Philippe-le-Long*, avec ses grandes jambes, eût pu éviter *louve* et *lion* et n'aurait pas tombé *inanimé*.

46. *Sardanapale* souffrit plus que si on lui eût coupé une *loupe*; et cependant il ne demande ni eau *ni neige*.

47. Si la cage de Bajazet eût été faite de *fil mou*, il en aurait pu faire un objet de *négoce*.

48. *Pierre-le-Grand* à l'aide d'un *fil rond*, (du fil d'un collier de perles) donnait à sa belle de ses *nouvelles*.

49 Si *Pépin-le-Bref* n'avait eu à vaincre qu'un *loup déçu*, il en eût été facilement le *maître*.

50. Lorsqu'on fait ses *vœux* le goût des équipages à larges *jantes* est *mitigé*.

51. Le *serment* est pour moi comme un *fil long* qui *m'attache*.

52. Avec sa *ceinture* flottante, Vénus sur son *char*, était *belle* et *mignonne*.

53. Dans un *mauvais ménage* embrouillé comme du *fil joint* sans *valeur* on invente des *mots nouveaux*.

54. Une *corde* aux colonies suspend des *gens nus*, les uns *bons*, les autres *malicieux*.

55. En guise de *cable*, un *schall* peut servir à une fille *sage* qui ne craint pas de gâter son *mouchoir*.

56. Une dame ôte son *boa*, son *chat joyeux* et *bien aimé* se couche dessus, il sait que sa maîtresse n'est pas *méchante*.

57. Si l'on punissait les grands voleurs, du *collier de forçat*, *chaque victorieux* pourrait dire *ornez-nous*.

58. La *chaine* parut au *loup tenté* par la faim, une chose à *rejeter*. (Lafontaine fab.)

59. Paré d'une *chaîne de montre* un *chafouin revient mieux*.

60. Il eut tort de vouloir faire de la *musique* le *loup tenu*, qui voulant se faire passer pour le *père du peuple* mouton, cherche à se débarrasser de sa *robe en vain*. (Lafontaine fab.)

61. On prend à la *guerre* un *franc ton*, que n'enseignent pas les *pères des lettres* à ceux qui les ont *long-temps lus.*

62. La *lutte ennuie* plus que les poésies *lyriques.*

63. Celui qui met à la *loterie* est un *franc niais*, qui ignore qu'on voit rarement la mise par *le lot payée.*

64. *Le jeu de boules* à celui qui porte la *chape* convient mieux que *la chasse.*

65. Du *jeu de paume* on peut revenir avec un œil *en moins*, comme on revient de *la guerre.*

66. Qui dira qu'à la *main chaude en riant* si l'on donne un *grand* coup *l'on fait bien?*

67. Tenant l'agneau en *échec* le *loup démon* ne fut ni *juste* ni *judicieux.* (La Fontaine fab.)

68. Dans la saison des *boules de neige* une coiffure de *loutre* à *grands* bords nous *charme.*

69. Victime d'une mystification semblable à celles des *petits jeux*, le *loup dans l'eau* maudit le renard *cauteleux.* (La Fontaine fab.)

70. Le maître de la Terre-Sainte ne traite pas les pélerins comme le *loup touché* des prières du chien maigre, avec lequel il ne croyait pouvoir dîner *qu'au quart.* (La Fontaine.)

71. Dans la *Tauride*, on à la perfidie du *loup taquin*, qui plaidait avec le renard, en disant : je veux *qu'on paie moi.* (La Fontaine fab.)

72. Dans l'*Arabie déserte* il n'y a pas de *nappe* sur la table du *grand visir.*

73. En *Barbarie* il faudrait envoyer tous les *loups dévôts* qui vivent de *faux tours.*

74. Si dans le *monde* il n'y avait pas de souris, on verrait les *chats déçus,* et leur race près de *finir.*

75. De l'*Italie* ici, celui qui entendrait un coup de canon, aurait *l'ouie fine* et *fameuse.*

L'orsqu'on aura appris ces formules, si l'on veut savoir, par exemple : Quel est le 13me roi de France et la date de son avènement au trône ? On se rappelera que pour avoir le n° d'ordre 13, il faut réunir le 1er substantif avec le 3e odjectif du tableau des points de rappel, ce qui donnera *temple–malheureux* ou *ermitage.* Dans la formule où se trouve ce mot, on trouvera le mot *terme* qui, d'après nos conventions, désigne Clotaire III, et à la fin de la phrase *gens légers* c'est-à-dire *je le ge* ou 656, date de l'avènement au trône de Clotaire III.

Pour représenter la date des évènements arrivés depuis l'année 999 après Jésus-Christ, il faut nécessairement quatre chiffres. Par économie de traduction, nous avons retranché dans les formules qui précèdent l'unité du quatrième ordre, c'est-à-dire le millésime. Ce procédé peut faire commettre une erreur de 1000 ans; mais aucune des personnes qui s'occuperont de mnémotechnie, et qui connaîtront un peu l'histoire, ne pourront faire des erreurs de ce genre. Ainsi, par exemple : Veut-on avoir la date de l'avènement au trône de Charles IV ? (52e form.) Le mot date est *mignonne*, *(me gne ne)* Ou 322 ; en y ajoutant le millésime on aura 1322. Cette suppression d'un chiffre dans les dates, qui en ont quatre, à partir de l'ère vulgaire seulement, est très-avantageuse pour la construction de formules.

V.

MNÉMONISATION DES JOURS DU MOIS.

On pourrait mnémoniser les mois, comme tous les noms propres par analogie phonique : Mais ce moyen donnerait plus de travail dans la construction des formules, que le procédé que nous allons indiquer.

Nous représenterons chacun des mois du calendrier par une articulation prise dans le nom du mois.

NOMS DES MOIS.		ARTICULATIONS ÉQUIVALENTES.
Janvier	=	*che.*
Février	=	*fe.*
Mars	=	*re.*
Avril	=	*ve.*
Mai	=	*me.*
Juin	=	*je.*
Juillet	=	*le.*
Août	=	*te.*
Septembre	=	*se.*
Octobre	=	*ke.*
Novembre	=	*ne.*
Décembre	=	*de.*

Les formules qui rappellent les quantièmes peuvent être faites de deux manières; dans tous les cas, l'articulation correspondant au mois doit toujours être placée immédiatement à la suite du nombre de jours, et le mot traduisant l'année à la fin de la phrase.

La plupart des mnémonistes indiquent le jour et le mois par un mot qui, le plus souvent, se trouve placé au milieu de la phrase. Ce moyen est embarrassant, et peut mettre, celui qui s'en sert, dans le cas de prendre un mot pour un autre.

Pour éviter ce grave inconvénient, nous conseillons de placer à la fin de la formule les articulations représentant le nombre de jours du mois, le mois et l'année.

Les deux formules suivantes donneront une idée de chacun des deux procédés.

Henri IV mourut assassiné le 14 mai 1610.

Napoléon mourut le 5 mai 1821.

FORMULES.

1. Lorsque Henri IV périt victime d'une odieuse *trame*, la douleur publique imposa silence aux *chanteusse*.
2. Des héros de son siècle Napoléon mourut *le moins vaniteux*.

On voit que dans la 1re formule les mots sacramentels sont *trame* qui indique le quantième et le mois, et *chanteuses* qui indique l'année.

Dans la seconde formule, qui est faite d'après le procédé que nous conseillons, les mots sacramentels sont : *le moins vaniteux*, et se trouvent tous à la fin de la phrase.

La mnémonisation des quantièmes est d'une grande utilité, notamment pour les personnes qui parlent en public ; comme les professeurs, les députés, les avocats. Avec le secours de notre méthode la mémoire est rarement en défaut.

VI.

MNÉMONISATION

DE LA PESANTEUR SPÉCIFIQUE DES CORPS.

Le décimètre cube est pris pour unité conventionnelle de la pesanteur des corps.

Pour mnémoniser la pesanteur d'un corps, il faut faire une formule exprimant, d'abord le nom de ce corps, ensuite le poids calculé à autant de décimales que le mnémoniste le juge convenable. Dans la pratique, trois décimales sont une appréciation suffisante. Ainsi nous ne descendrons par au-dessous des grammes. En sorte que la pesanteur d'un corps quelconque, à moins d'un gramme près, sera représentée par un nombre qui ne pourra-être composé de moins de quatre chiffres. Lorsqu'un corps pesera moins d'un kilogramme le premier chiffre, à gauche, sera forcément un zèro.

Nous allons passer à l'application, en donnant quelques exemples.

Platine laminé, 22 kilog. 069 g.	Avec le *platine* laminé on a fait l'étalon des mesures de peur qu'elles *ne nous échappent.*
Or fondu, 19 kil. 258 gr.	La soif de *l'or* est un péché dont nous avons besoin *de bien nous laver.*
Plomb fondu, 11 k. 352	Si l'on versait du plomb fondu sur la figure on la rendrait *toute mal unie.*
Argent fondu, 10 k 474	Avec de l'argent on peut acheter *tous ces recrus.*
Cuivre rouge fondu, 8 k. 788	Pour quelques pièces de *cuivre rouge* le pauvre militaire crie comme un *fou : qui vive.*
Acier. 7 k. 840	L'*acier* ne doit son nom qu'à la *conversion.*
Diamants les plus lourds, 3 k. 530	Des *diamants* furent cachés par l'impératrice à la *Malmaison.*
Fer en barre, 7 k. 788	Avec du *fer en barre* on devrait frapper tous les *coquins vivants.*
Porcelaine de Sèvres, 2 k. 146	La *porcelaine* est faite de terre et *non de roche.*
Plâtre en pierre, 2 k. 168	L'usage de vendre le *plâtre en pierre* au poids est chez-*nous déjà vieux.*

Albâtre, 1 k. 874	L'*albâtre* exposé à la poussière *devient gris*.
Chêne commun. 1 k. 170	Avec la force du *chêne* on viendrait à bout *de tout casser*.
Ebène, 1 k. 254	On fait usage du bois d'*ébène* pour la confection *de nos lyres*.
Erable, 0 k. 754	L'*érable* est un bois qui sans apprêt en jaune *se colore*.
Eau de la mer, 1 k. 026	L'*eau de la mer* est belle à considérer lorsqu'on voit le *temps sans nuages*.
Lait, 1 k. 030	Le *lait* plaît au laboureur, il fait les délices *de ses moissons*.
Cire blanche, 0 k. 968	On fait brûler de la cire en expiation de *ses péchés vieux*.
Vin de Bourgogne, 0 k. 991	Lersque le marchand de vin offre du Bourgogne on trouve *son pot petit*.

VII.

APPLICATION DE LA MNÉMOTECHNIE

A LA GÉOGRAPHIE.

Ce qu'on retient difficilement en géographie, comme en histoire, ce sont les noms propres et les chiffres.

La population de villes, la hauteur des montagnes des lieux habités, des édifices, la longueur du cours de fleuves etc., toutes ces choses ne sont guère du domaine de la mémoire. Ce qui vient encore augmenter les difficultés, ce sont les noms propres, plus ou moins bizarres dont la géographie est hérissée.

Lorsque, par les moyens ordinaires, on a appris ces noms avec beaucoup de peine, il arrive très-souvent, même à ceux qui ont la mémoire la plus heureuse, de substituer un nom propre à un autre nom propre, et par conséquent de prendre la population d'une ville pour celle d'une autre, la hauteur d'une montagne pour celle de telle ou telle autre.

Avec le secours de notre méthode, les erreurs de ce genre deviennent impossibles. Les formules par analogie phonique, en ramenant au *langage de tous les jours*, les mots les plus barbares mettent le mnémoniste hors de doute, et le forçent à répondre juste.

Nous allons donner la mnémonisation des 86 départements de France par ordre alphabétique et les chefs-lieux respectifs de chacun d'eux.

Chaque formule indiquera nécessairement trois choses, savoir : le N° d'ordre, représenté par un des mots de notre tableau des points de rappel, le nom du département, et celui du chef-lieu, par analogie phonique.

Nos D'ORDRE.	NOMS des DÉPARTEMENTS.	ANALOGIE PHONIQUE.	NOMS des CHEFS-LIEUX.	ANALOGIE PHONIQUE.
1	Ain.	*lin.*	Bourg.	*bourg.*
2	Aisne.	*haîne.*	Laon	*lent.*
3	Allier.	*alliés.*	Moulins.	*moulin.*
4	Alpes (Basses). .	*basse âme.*	Digne.	*digne.*
5	Alpes (Hautes). .	*hautes âmes.*	Gap.	*cap.*
6	Ardèche.	*hardes.*	Privas.	*privé.*
7	Ardennes	*ardent.*	Mezières.	*mesure.*
8	Arriège	*arrière.*	Foix.	*fois.*
9	Aube	*aubépine.*	Troyes.	*trois.*
10	Aude.	*laudes.*	Carcassonne. . .	*carcasse.*
11	Aveyron.	*environ.*	Rhodez.	*róder.*
12	Bouches-du-Rhône	*bouche.*	Marseille	*Saint-Marcel.*
13	Calvados	*galvauder.*	Caen	*camp.*
14	Cantal.	*cantaloup.*	Aurillac.	*oreille.*
15	Charente.	*charette.*	Angoulême . . .	*au goût même.*
16	Charente-Infér. .	*charette infér.*	La Rochelle. . .	*la roche.*
17	Cher.	*cher.*	Bourges.	*bourgeois.*
18	Corrèze, ...	*encore aise.*	Tulle	*tulle.*
19	Corse.	*écorce.*	Ajaccio	*à chaque sot.*
20	Côte-d'Or. . . .	*côtes dort.*	Dijon	*disjoint.*
21	Côtes-du-Nord. .	*côtes du nord.*	Saint-Brieuc. . .	*cinq briares.*
22	Creuse.	*creuse.*	Guéret	*gueret.*

Nos D'ORDRE.	NOMS des DÉPARTEMENTS.	ANALOGIE PHONIQUE.	NOMS des CHEFS-LIEUX.	ANALOGIE PHONIQUE.
23	Dordogne. . . .	*dors donc.*	Périgueux. . . .	*péris gueux.*
24	Doubs.	*doux.*	Besançon. . . .	*pesant son.*
25	Drôme	*de Rome.*	Valence.	*volant.*
26	Eure	*heure.*	Evreux	*Eve heureux.*
27	Eure et Loire. .	*heure et lois.*	Chartres.	*charte.*
28	Finistère	*finis cet air.*	Quimper.	*qu'un père.*
29	Gard	*gare.*	Nîmes.	*minime.*
30	Garonne (Haute)	*haute baronne*	Toulouse	*tout loue.*
31	Gers	*germe.*	Auch	*hochet.*
32	Gironde.	*giron.*	Bordeaux. . . .	*bord de l'eau.*
33	Hérault.	*héros.*	Montpellier. . .	*m'ont payé.*
34	Ile-et-Vilaine. .	*vilaine.*	Rennes	*reine.*
35	Indre	*dinde.*	Châteauroux. . .	*chapeau rouge.*
36	Indre-et-Loire. .	*dinde et lois.*	Tours.	*tour.*
37	Isère	*misère.*	Grenoble	*graine noble.*
38	Jura	*jurera.*	Lons-le-Saunier.	*long.*
39	Landes	*landes.*	Mont-de-Marsan	*monde malsain*
40	Loir-et-Cher. . .	*loi chère.*	Blois	*belle loi.*
41	Loire	*loi.*	Montbrisson. . .	*briser.*
42	Loire (Haute). .	*haute loi.*	Le Puy	*puits.*
43	Loire inférieure.	*loi inférieure.*	Nantes	*nantis.*
44	Loiret.	*il aurait.*	Orléans.	*or céans.*

Nos D'ORDRE.	NOMS des DÉPARTEMENTS.	ANALOGIE PHONIQUE.	NOMS des CHEFS-LIEUX.	ANALOGIE PHONIQUE.
45	Lot	*lot.*	Cahors	*corps.*
46	Lot-et-Garonne .	*lot et gare.*	Agen	*à jeun.*
47	Lozére	*l'osèrent.*	Mende.	*amende.*
48	Maine-et-Loire. .	*mène les lois.*	Angers	*anges.*
49	Manche.	*manche.*	Saint-Lot	*son lot.*
50	Marne.	*manne.*	Châlons.	*chat long.*
51	Marne (Haute). .	*hautement.*	Chaumont. . . .	*chaudmont.*
52	Mayenne.	*moyenne.*	Laval.	*l'avale.*
53	Meurthe.	*meurtre.*	Nancy.	*nous-y.*
54	Meuse.	*muses.*	Bar-le-Duc . . .	*barre.*
55	Morbihan. . . .	*mon bilan.*	Vannes	*vanne.*
56	Moselle.	*demoiselle.*	Metz	*messe.*
57	Nièvre.	*niais.*	Nevers	*ni vert.*
58	Nord	*nord.*	Lille.	*exil.*
59	Oise.	*oisif.*	Beauvais	*bouvet.*
60	Orne	*orme.*	Alençon.	*lents sons.*
61	Pas-de-Calais. .	*pas.*	Arras	*harasse.*
62	Puy-de-Dôme. .	*puits dôme.*	Clermont	*clairement.*
63	Pyrénées(Basses)	*basse piraterie*	Pau.	*pot.*
64	Pyrénées (Htes). .	*hautes prenez.*	Tarbes	*tarder.*
65	Pyrénées Orient.	*pyrogues orientales*	Perpignan. . . .	*par pignon.*
66	Rhin (Bas). . . .	*bas des reins.*	Strasbourg . . .	*extra bourru.*

Nos D'ORDRE.	NOMS des DÉPARTEMENTS.	ANALOGIE PHONIQUE.	NOMS des CHEFS-LIEUX.	ANALOGIE PHONIQUE.
67	Rhin (Haut). . .	*haut rang.*	Colmar	*colin-maillard.*
68	Rhône.	*Rhône.*	Lyon	*lion.*
69	Saône (Haute). .	*hauts sons.*	Vesoul	*vesser.*
70	Saône et Loire. .	*sons et lois.*	Macon.	*maçon.*
71	Sarthe.	*certes.*	Le Mans.	*mens.*
72	Seine	*saine.*	Paris	*paris.*
73	Seine Inférieure.	*saine infér.*	Rouen.	*rang.*
74	Seine-et-Marne.	*saines mares.*	Melun.	*melon.*
75	Seine-et Oise . .	*sains et oisifs.*	Versailles	*vers sales.*
76	Sèvres (Deux). .	*sevré.*	Niort	*ni hors.*
77	Somme	*somme.*	Amiens	*la mienne.*
78	Tarn	*tard.*	Alby	*habit.*
79	Tarn-et-Garonne	*taré car on.*	Montauban . . .	*au ban.*
80	Var	*avare.*	Draguignan . . .	*drachme.*
81	Vaucluse	*recluse.*	Avignon.	*la vigne.*
82	Vendée	*vend des.*	Bourbon-Vendée	*pour dons vendus.*
83	Vienne	*viennent.*	Poitiers	*potier.*
84	Vienne (Haute). .	*hautes viennent*	Limoges.	*l'image.*
85	Vosges	*vogue.*	Epinal.	*épinards.*
86	Yonne.	*lionne.*	Auxerre.	*en sert.*

FORMULES

POUR LES 86 DÉPARTEMENTS.

1. Dans le *temple* d'une ville le *lin* est plus fin que dans celui d'un *bourg*.
2. Un *animal* qui a de la *haine* à se venger n'est pas *lent*.
3. Les *mets* sont bons quand ils sont *alliés* à la farine du *moulin*.
4. Un *roi* qui a une *basse âme* de régner n'est pas *digne*.
5. Le *lien* qui attache les *hautes âmes* à Dieu n'est pas connu au *cap*.
6. Au *jeu* celui qui expose ses *hardes*, d'habits se trouve *privé*.
7. Dans un *coin* deux hommes *ardents* se *mesurent*.
8. Les *fruits* quand on les mange verts laissent un *arrière* goût, que j'ai éprouvé plus d'une *fois*.
9. L'*arbre* qu'on nomme *aubépine* a la feuille divisée en *trois*.

10. Dans les *Eglises* on chante les *laudes* en l'honneur de quelques vieilles *carcasses.*

11. Dans une *loge* et dans les *environs* il ne faut pas *rôder.*

12. C'est dans des *ruines* qu'on trouva la *bouche* de saint *Marcel.*

13. L'habitant d'un *ermitage* ne va pas *galvauder* les soldats dans leur *camp.*

14. Un *dôme* ressemble à un *cantaloup*, qu'on ne peut prendre par les *oreilles.*

15. Comparer la *tour de Babel* à une charette cela répugne *au goût même.*

16. Dans une *chapelle ardente* on est conduit dans une *charette inférieure* à un cabriolet avec un cœur dur comme *la roche.*

17. La *bourse* coûte *cher* à plus d'un *bourgeois.*

18. Dans les *catacombes* une jeune élégante se trouverait *encore aise* si elle avait du *tulle.*

19. Il y a des *oratoires* où l'on présente pour boire une coupe *d'écorce à chaque sot.*

20. Le *Bœuf* sur ses *côtes dort* quand il est *disjoint.*

21. Le *Tigre* n'habite pas les *côtes du nord*, il est si vorace qu'il avalerait *cinq briares.*

22. La *grenouille* se plait mieux dans les rivières *creuses* que dans les *guérêts.*

23. L'*âne* en donnant un coup de pied au lion lui dit : *dors donc* ou *péris gueux.*

24. Le *hérisson* n'est pas *doux* et son cri n'est pas un *pesant son*.

25. Un *serpent* ne viendrait pas *de Rome* en *volant*.

26. La *Salamandre* fut créé avant l'*heure* qui rendit Adam et *Eve heureux*.

27. L'*éléphant* de guerre était soumis à *heure et lois* contenues dans les *chartes*.

28. Un *ours blanc* pourrait dire à un musicien *finis cet aire*, avec plus d'autorité *qu'un père*.

29. A la vue d'un *ciron* on ne dit jamais *gare ;* c'est un animal si *minime*.

30. L'*hostie* reçue par une *haute baronne* est un acte de piété que *tout loue*.

31. Le *poison* est le *germe* de la mort ; ce n'est pas un *hochet*.

32. Une *volaille* est plus aisée à prendre dans un *giron* qu'au *bord de l'eau*.

33. Mon *pain bis* a été mangé par des *héros* qui *m'ont payé* (Paroles d'un Fournisseur).

34. Un *fromage* n'est pas chose *vilaine* on peut le présenter à une *reine*.

35. On peut faire des *saucisses* avec le *dinde* qui porte sur sa tête un *chapeau rouge*.

36. Le *potage* d'un avocat se compose de *dindes et de lois* qui lui rappellent plus d'un bon *tour*.

37. Le *chocolat* n'entre pas ou règne la *misère*, c'est une *graine noble*.

38. Pour avaler un *sorbet* on *jurera* bien qu'on n'est pas *long*.

39. Les *lentilles* qu'on récolte dans les *landes* ne conviennent pas au *monde malsain*.

40. *David* ayant violé la loi de Dieu dit en se repentant : une *loi chère* est une *belle loi*.

41. *Néron* bravait la *loi* qui pouvait le *briser*.

42. *Jean-sans-Terre* disait que la plus *haute loi* est la nécessité, qui force quelques fois à se jeter dans un *puits*.

43. *Priam* détrôné s'aperçoit que la *loi est inférieure* à la force dont ses ennemis sont *nantis*.

44. Si *Louis-le-Gros* n'eût pas été avare *il aurait* dit à ses sujets : qu'on n'apporte pas de *l'or céans*.

45. *Philippe-le-Long* avait en stature un bon *lot*; car il avait un grand *corps*.

46. *Sardanapale* disait à ses courtisans, voilà mon *lot et gare* le votre si vous être *à jeûn*.

47. Lorsque *Bajazet* fut mis dans une cage ses gardiens l'*osèrent* insulter sans craindre l'*amende*.

48. *Pierre-le-Grand*, disait : je *mène les lois* comme Dieu mène les *anges*.

49. *Pépin-le-Bref* avait de petites *manches* c'était *son lot*.

50. Les *vœux* des Israëlites se bornaient à la *manne*, ce qui valait mieux qu'un *chat long*.

51. Le *serment* de ne pas visiter le Vésuve peut se faire *hautement*; car c'est un *chaud mont*.

52. Une *ceinture moyenne* n'est pas faite pour qu'on *l'avale.*

53. Les *mauvais ménages* causent souvent des *meurtres;* si nous sommes garçons tenons-*nous-y.*

54. La *corde à pendre* à quelques fois servi pour ceux qui cultivent les *muses*; on en a vus à la *barre.*

55. Le *cable* après lequel était attaché *mon bilan* était si peu solide, que pour vivre je *vanne.*

56. Un *boa* convient à une *demoiselle* qui vâ l'hiver à la *messe.*

57. Un *collier de forçat* convient mieux à un scélérat qu'à un *niais* qui ne connait ni blanc *ni vert.*

58. La *chaîne* est le châtiment des habitants du *nord*, et avec cela l'*exil.*

59. Une *chaîne de montre* convient mieux à un *oisif* qu'un *bouvet.*

60. Voyez cet oiseau qui fait de la *musique* sur un *orme*, écoutez ses *lents sons.*

61. A la *guerre* ne reculez pas d'un *pas*, quand l'ennemi vous *harasse.*

62. La *lutte* n'a lieu ni dans un *puits* ni dans un *dôme*; car il faut se voir *clairement.*

63. La *loterie* est une *basse piraterie* qui met les joueurs sur le *pot.*

64. Au *jeu de boules* si les quilles sont trop *hautes prenez* une scie sans *tarder.*

65. Le *jeu de paume* ne ressemble en rien aux *pirogues*

orientales, qu'on ne peut prendre ni par gout-tière ni *par pignon*.

66. A la *main chaude* on est quelques fois frappé sur le *bas des reins* par un homme *extra-bourru*.

67. *Les échecs* se jouent par les gens du *haut rang* plutôt que le *Colin-Maillard*.

68. Les *boules de neige* grossissent le *Rhône*, dont la rapidité entraînerait un *lion*.

69. Aux petits jeux s'il n'est pas permis d'y faire entendre des *hauts sons*, on peut y *vesser*.

70. Lorsque nous serons en *Terre-Sainte*, *sons et lois* humains ne nous casseront pas plus la tête que les *maçons*.

71. Si tu dis que tu as été en *Tauride certes* tu *mens*.

72. L'*Arabie* est une contrée *saine*, où il se fait peu de *paris*.

73. La *Barbarie* quoique *saine est inférieure* à notre pays pour la civilisation et pour le *rang*.

74. Dans le *monde* il y a de *saines mares*, desquelles l'eau est favorable aux *melons*.

75. En *Italie* les poètes sont *sains et oisifs* et font souvent des *vers sales*.

76. En *Afrique* on est *sevré* de bon vin, on n'en boit ni dans la maison *ni hors*.

77. L'*Espagne* pour ses emprunts paie des *sommes énormes*; ce qui rend sa position pire que *la mienne*

78. Dans la *Sibérie* il ne faut pas attendre trop *tard* à se procurer des *habits*.

79. En *Sardaigne* n'allez pas dire que le gouvernement est *taré, car on* vous mettrait *au ban*.

80. La *manne* fut mangée par les juifs peuple *avare* qui ne vous donnerait pas une *drachme*.

81. Le *fruit défendu* empêcha qu'Eve ne fut *recluse* dans le paradis terrestre, où manquait *la vigne*.

82. Les pêches qu'on *vend des* premières passent *pour dons vendus*.

83. Les *pommes de terre viennent* bien dans le champ d'un *potier*.

84. Les *citrouilles* dont la tige est *haute viennent* plus grosse que la tête, elles en sont *l'image*.

85. Les *asperges* sont en *vogue*, on les préfère aux *épinards*.

86. Les *marrons* ont la couleur fauve de la *lionne* on s'en aperçoit quand on *en sert*.

MNÉMONISATION

DE LA HAUTEUR DES MONTAGNES AU-DESSUS DU NIVEAU DE LA MER.

(Analogie phonique).

Le pic le plus élevé de l'Hymalaïa, 7820 mètres.	Si l'on pique un homme dans son *lit malade* on blessé les *convenances.*
Chimborazo (Pérou), 6530 mètres	J'ai vu *cinq beaux rats au* grenier d'une *jolie maison.*
Antisana (Volcan du Pérou). 5833 m.	Au lieu de boire la *tisane* j'en *lave mes mains.*
Mont St-Elie (Amérique), 5513 m.	Lorsqu'*Elie* fut enlevé au ciel on ne le sut que *le lendemain.*

Pic entre la Chine et la Russie, 5135 m.	Entre la Russie et la Chine il y a un *pic* qui est là comme pour *les démêler*.
Mont-Blanc (Alpes). 4810 m.	On connaît la hauteur du *mont blanchi* par la neige, par le *ravin toisé*.
Mont-Perdu (Pyrénées), 3410 m.	Le *mont perdu* dans les nuages ne gagne rien en hauteur lorsque la *marée descend*.
Le Cylindre (Pyrénées), 3369 m.	Le *cylindre* me revient à la mémoire lorsque je *mets mon chapeau*.
Monts-Ventoux (France), 1960 m.	*Vends tout* et tu posséderas le bonheur *dont peu jouissent*.
Le Cantal (France), 1857 m.	*Quand Talma* monta sur la scène, il vit contre lui tous les *dévôts ligués*.
Montagne de la Table (Cap de Bonne-Espér.) 1163 m.	Pour *la table* on a souvent trop d'*attachement*.
Hékla (Islande) 1012 m.	L'*éclat* des grandeurs n'éblouissait pas Diogène, puisqu'il logeait *dans un tonneau*.

HAUTEUR DE QUELQUES ÉDIFICES.

La plus haute des Pyramides d'Egypte, 146 m.	Les *Pyramides* d'Egypte ressemble de loin à des pointes *de rochers.*
Coupole de St-Pierre de Rome 132 m.	Pour monter en haut de la *coupole de St.-Pierre* à Rome, il faut donner une pièce *de monnaie.*
Observatoire royal de Paris (1er étage), 65 m.	Lorsqu'on est au premier étage de *l'Observatoire de Paris* on a un coup-d'œil assez *joli.*
Capitole de Rome, 46 m.	Du haut du *capitole*, on découvre une plaine *riche.*
Colonne de la place Vendôme 43 m.	La *colonne Vendôme* a été faite à l'instar de la colonne Trajane de *Rome.*
Obélisque de Luxor, 25 m.	L'*Obélisque de Luxor* nous vient des environs du *Nil.*
La mâture d'un vaisseau français de 120 canons, 72 m.	On ne peut s'empêcher d'admirer la hauteur du *mât d'un vaisseau* de 120 *canons.*

MNÉMONISATION

DE LA LONGUEUR DU COURS DES FLEUVES.

(*Analogie phonique.*)

Danube, 3023 kilom.	La beauté *d'Anne nubile* ne vous donnera pas le désir d'être son frère *mais son amant.*
Dniéper, 2000 kilom.	Quand on a dit le *denier perd* sa valeur, le chagrin *nous a saisi.*
Don, 1423 kilom.	Les *dons* que nous faisons nous donnent un peu *de renommée.*
Rhin, 1467 kilom.	Le mal de *reins* fait autant souffrir que le plus *dur chicot.*
Elbe, 1200 kilom.	Avec *l'aile* d'un poulet nous *dînons assez.*
Vistule, 1155 kilom.	Une *fistule* lacrymale fait perdre la lumière *de tout l'œil.*
Loire, 987 kilom.	La *loi rai*sonnable est facile à observer, *peut qui veut.*
Rhône, 842 kilom.	Les marchands d'étoffes au lieu de changer *leur aune* pour un mètre, l'ont *fait rogner.*

Oder, 894 kilom.	*L'odeur* de l'arsenic nous *fait peur*.
Seine, 734 kilom.	Sur la *scène* on voit jouer de très-jolies *commères*.
Po, 663 kilom.	Dîner à la fortune du *pot* c'est dîner *chichement*.

MNÉMONISATION

DE LA POPULATION DE QUELQUES VILLES.

(*Analogie phonique.*)

mille.	
Metz....... 44	A la *messe* on ne doit pas *rire*.
Tours...... 25	Avez-vous vu jouer la *tour* de *Nesles?*
Niort...... 16	Celui qui n'a *ni or* ni argent est *indigent*.
Nevers..... 15	*Ne versez* pas au-*delà*.
Riom...... 13	*Rions* aujourd'hui nous danserons *demain*
Grasse..... 13	Faites *grâce* à cette *dame*.
Alais...... 10	*Allez, dansez*.
Evreux.... 9	L'*Hébreu* je ne le comprends *pas*.
Rhodez.... 8	Où *rôdez-vous?*
Melun..... 7	De ces *melons* je fais peu de *cas*.
Dinan..... 7	En *dînant* on boit plus d'un *coup*.
Privas..... 4	Il ne se *priva* de *rien*.
Marseille.. 143	*Marseille* est une des plus belles villes *du royaume*.

Lorsqu'on veut avoir la population des villes, si l'on veut se contenter, comme nous venons de le faire, d'un *nombre rond*, les formules seront très-courtes; elles ne seront difficiles ni à faire ni à retenir. Il en serait de même de la population des départements.

Nous ne pousserons pas plus loin nos applications à la géographie, celles qui précèdent sont suffisantes pour nous faire comprendre par ceux qui y auront apporté un peu d'attention.

VIII.

APPLICATION DE LA MNÉMOTECHNIE

A LA JURISPRUDENCE.

Celui qui fait des lois une étude spéciale, le légiste par exemple, peut puiser dans le domaine de la loi les matériaux nécessaires pour faire ses formules. De cette manière il pourra mnémoniser le code sans beaucoup de difficultés : En sorte qu'arrivé à la fin de son travail, il aura dans la mémoire sinon le texte, du moins la substance des lois, classée d'après l'ordre du code, sans qu'il puisse y avoir la moindre confusion.

Nos connaissances en jurisprudence sont trop bornées pour entreprendre ce travail, qui d'ailleurs dépasserait de beaucoup les limites que nous nous sommes imposées dans cet ouvrage.

Nous nous contenterons donc de donner ici quelques formules :

Des actes de l'état civil, art. 34.	Les actes de l'état-civil doivent être rédigés par les *maires*.
Actes de l'état civil concernant les militaires hors le royaume, art. 88.	Les actes de l'état-civil, concernant les militaires hors le royaume, revêtus de la signature d'un officier, *font foi*.
Des droits et des devoirs respectifs des époux, art. 212	Les époux se promettent ordinairement plus qu'ils *ne tiennent*.
Des seconds mariages, art. 228.	En contractant un second mariage nous augmentons le nombre de *nos neveux*.
Des comptes de tutelle, art. 469	Le tuteur ne craint pas de rendre ses comptes quand il *régit bien*.

De l'usufrit, art. 579.	Celui qui a l'usurfruit d'une chose peut dire au propriétaire : à toi la poule, à moi *la couvée.*
De la renonciation aux successions, art. 784.	On renonce aux successions lorsqu'il n'y a pas de quoi se mettre à *couvert.*
Du legs universel, art. 1003.	Le legs universel se fait à celui qu'on croit le meilleur *de ses amis.*
De la révocation des Testaments, art. 1035.	Plus d'un malade a révoqué son testament sentant diminuer la force *de son mal.*
Des devis et marchés, art. 1787.	Dans les devis et marchés il ne faut pas *d'équivoques.*
Du contrat de société, art. 1832.	Dans un contrat de société l'industrie *devient monnaie.*
Du dépôt proprement dit, art. 1917.	Les maisons où il se fait habituellement des dépôts ressemblent à *des boutiques.*
Du jeu et du pari, art. 1965.	Le jeu et le pari sont regardés par les Anglais comme quelque chose *de bien joli.*

Du mandat, art. 1984.	Le mandat est un acte qui dit à celui qui le reçoit : *tu peux faire.*
Du cautionnement, art. 2011.	Celui qui se rend caution pour un autre, s'engage souvent plus qu'il *ne s'en doute.*
De la prescription, art. 2219.	Si l'on ne prend garde à la prescription *on en est dupe.*

RÉSUMÉ DE LA MÉTHODE.

Celui qui aura lu attentivement cet ouvrage se sera aperçu que nous avons toujours répété les mêmes opérations. Il aura dû remarquer partout des transformations de chiffres en mots, des associations de mots ou d'idées, des transformations de mots inconnus en mots connus, enfin des formules mnémoniques renfermant une série de mots sacramentels qui servent à donner au mnémoniste des nombres, des mots ou des idées.

Les réponses dictées par les formules mnémoniques sont toutes mathématiques; par conséquent elles sont essentiellement justes. Aussi on peut dire qu'il n'y a pas *d'à-peu-près* en mnémotechnie.

Les formules exigent du travail et de l'attention pour être apprises. Les plus courtes sont les meilleures. Celles que l'on crée soi-même s'apprennent avec beaucoup plus de facilité que celles qui sont créées par les autres; parce qu'on a réfléchi plus ou moins long-temps sur les idées que l'on a cherché à associer.

Ce qui fait que nous nous approprions difficilement les formules qui ne nous appartiennent pas, c'est qu'elles sont, pour la plupart, basées sur des connaissances qui nous sont étrangères. Il n'en est pas de même de celles que nous faisons; car nous pouvons puiser dans tout ce qui nous est connu et familier. Nous nous appuierons tantôt sur nos connaissances historiques, tantôt sur notre profession, nos voyages, nos relations avec différentes personnes. Comme nous ne devons compte de nos moyens de perceptions à qui que ce soit; nous avons le droit de dire ce qui n'a jamais été, et ce qui ne sera jamais.

Si le système déraisonnable a prévalu dans la construction des formules, c'est qu'il est prouvé par l'expérience que c'est celui qui convient le mieux à notre organisation. Les formules sont moins fatigantes et plus faciles à retenir; et puis d'ailleurs, on éprouverait souvent de très-grandes difficultés à prendre des formules dans le domaine de certains faits.

Lorsqu'on étudie une science quelconque, on éprouve toujours dans les commencements quelques difficultés, qu'on vient à bout de vaincre par le travail et la persévérance. La mnémotechnie n'est pas exempte de ces difficultés; surtout pour les personnes qui l'étudient avec une certaine prévention. On croit souvent les obstacles insurmontables parce qu'ils le paraissent. *Rien ne résiste à une organisation médiocre qui veut fermement.*

« A force de travail intellectuel, dit le docteur « Audibert, on modifie les molécules cérébrales, on « leur donne plus d'activité, on change leur dispo- « sition, leur manière d'être, et l'on finit par faire « faire à l'organe cérébral les mêmes tours de force « que des écuyers ou des histrions font faire à leurs « jambes ou à leurs bras. »

Quoique tout le monde fasse de la mnémotechnie sans s'en douter, nous ne conseillons pas d'enseigner notre méthode aux enfants, cela pourrait leur fausser le jugement. La Mnémotechnie ne convient qu'aux personnes qui ont déjà le jugement assez formé pour en comprendre la philosophie.

Dans ce traîté nous n'avons appliqué la Mnémotechnie qu'à des choses utiles; quoique cependant beaucoup de problêmes récréatifs puissent recevoir une prompte solution au moyen de nos procédés.

Plusieurs conbinaisons et jeux faits avec des

cartes ou des dominos seraient même impossibles sans les secours mnémotechniques, dont les résultats ont étonné, plus d'une fois, des personnes douées d'une intelligence transcendante.

Tous ceux qui se seront bien pénétrés des ressources de l'art mnémonique feront, sans beaucoup d'efforts, diverses applications que nous nous dispenserons de donner ici.

ERRATA.

Page 6, ligne 23, *trop élémentaire*, lisez trop peu élémentaire.

Page 9, ligne dernière, *fusif*, lisez fusil en italique, ainsi que *prompt* et *rond*, même ligne, qui doivent être également en italique.

TABLE.

Troyes.— Typographie POIGNÉE.

www.ingramcontent.com/pod-product-compliance
Ingram Content Group UK Ltd.
Pitfield, Milton Keynes, MK11 3LW, UK
UKHW021112260726
13994UKWH00002B/860